SOUS-VIDE

ZU HAUSE

Das Grundkochbuch für Spitzengastronomie in Ihrer Küche

JEAN-JACQUES TREBAUX

Inhalt

Vorwort

Nie wieder trockenes Fleisch, geschmackloser Fisch oder fades Gemüse!

Das Fleisch saftig, aromatisch, herrlich rosa und unfassbar zart. Der Koch bleibt locker und entspannt: *Sous-vide* ist eine Garmethode, die durch unvergleichliche Geschmacksresultate überzeugt. Sie stammt aus dem Französischen und bedeutet „unter Vakuum". Lebensmittel werden dabei im Vakuumbeutel verpackt und anschließend im Wasserbad bei konstanten, niedrigen Temperaturen zwischen 45 °C und 90 °C gegart.

Gesund und schonend

Sous-Vide-zubereitete Speisen schmecken nicht nur phänomenal, sondern sind obendrein auch noch gesund: Durch die niedrigen Temperaturen und die Nutzung des Vakuums wird auch Gemüse schonend gegart, sodass Aromen und Vitamine weitestgehend erhalten bleiben.

Stressfrei zum Ziel

Das Beste ist: Sollten sich Ihre Pläne einmal kurzfristig ändern, ist es kein Problem ihr Essen auch mal eine halbe Stunde länger im Wasserbad zu lassen. Mit Sous-Vide erreichen Sie stressfrei den idealen Garpunkt ohne ihn jemals zu überschreiten!

Perfekte Ergebnisse

Die Zeiten in denen Sous-Vide der Sterneküche vorbehalten war sind vorbei. Denn das benötigte Equipment ist mittlerweile für jeden erschwinglich. Wollen Sie zunächst nichts investieren tun es für den Anfang auch Topf, Thermometer, Zip-Beutel und eine konstante Hitzequelle.

In diesem Buch führe ich Sie Schritt für Schritt durch die Grundlagen des Sous-Vide, gebe Ihnen eine Einführung in das benötigte Equipment und stelle Ihnen zahlreiche Rezepte für Fleisch, Fisch, Gemüse, Beilagen und Desserts vor. Entdecken Sie Sous-Vide für sich und überzeugen sich selbst, Ihre Familie sowie die anspruchsvollsten Gäste.

Sous-Vide – kurz erklärt

Konventionelle Garmethoden führen schnell dazu, dass ihr Essen Saft verliert. Dadurch wird es trocken und verliert an Geschmack. *Sous-Vide*-zubereitete Speisen schmecken nicht nur phänomenal, sondern sind obendrein auch noch gesund: Durch die niedrigen Temperaturen und die Nutzung des Vakuums wird auch Gemüse schonend gegart, sodass Aromen und Vitamine weitestgehend erhalten bleiben.

Sous-vide stammt aus dem Französischen und bedeutet „unter Vakuum". Die Methode wird daher auch *Vakuumgaren* genannt und beschreibt das schonende Garen von Lebensmitteln im Vakuumbeutel im Wasserbad bei konstanten, geregelten Temperaturen zwischen 45 °C und 90 °C. Als Variante des Niedrigtemperaturgarens eignet sie sich ideal zur Zubereitung von Fisch, Fleisch oder Gemüse.

Equipment

Geeignetes Equipment für den Heimgebrauch gibt es mittlerweile schon zwischen 100 und 200€. In der Spitzengastronomie können die Geräte auch mal das 10-fache kosten, da sie erstens größer sind und zweitens noch etwas präzisier arbeiten. Die Unterschiede zu den Heimgeräten sind jedoch gering, denn auch sie können das Wasserbad mittlerweile auf die Nachkommastelle genau temperieren.

Für den erfolgreichen Einstieg benötigen Sie folgendes Werkzeug:

- Plastikbeutel oder -folie (hitzebeständig und lebensmitteltauglich)
- Vakuumiergerät
- Thermalisierer (Sous-Vide-Garer) oder Sous-Vide Stab und einen hitzebeständigen Behälter

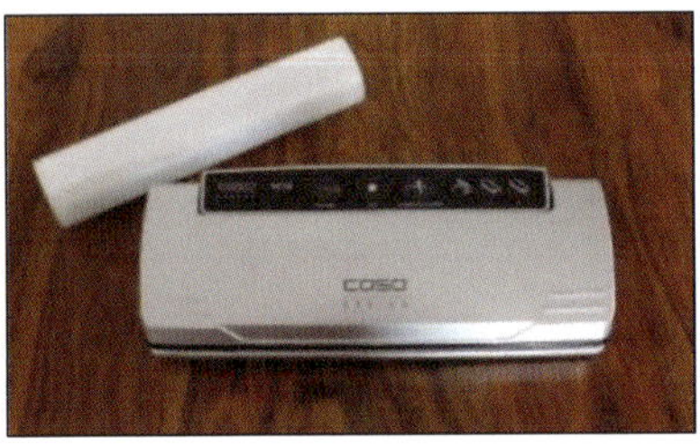

Wollen Sie zunächst noch nichts investieren, ist das kein Problem: Für den Anfang tun es auch Topf, Thermometer, Zip-Beutel und eine konstante Hitzequelle.

Verfahren

Bei Sous-Vide werden die Zutaten in einem Kunststoffbeutel versiegelt und anschließend vakuumiert und im Wasserbad gegart.

Das Verfahren in 5 Schritten:

1. Die Temperatur des Wasserbads einstellen und halten
2. Das Gargut (evtl. mit weiteren Zutaten) in einen Plastikbeutel geben
3. Mit dem Vakuumiergerät die Luft absaugen und versiegeln
4. Beutel in das Wasserbad geben bis die gewünschte Kerntemperatur erreicht ist
5. Entnehmen, trockentupfen und kurz scharf anbraten (optional)

Das Versiegeln und Garen im Vakuum hat den Vorteil, dass keine Flüssigkeit austreten kann. Somit garen die Zutaten im eigenen Saft ohne dabei auszutrocknen. Durch das schonende Verfahren bleiben Vitamine, Nährstoffe und Aromen erhalten. Gleichzeitig führt es dazu, dass Gemüse seine kräftige Farbe behält.

Ein weiterer Trumpf des Vakuumgarens ist, dass es vollständig kontrollierbar ist. Mit der richtigen Temperatur ist ein Übergaren nämlich unmöglich und perfekte Ergebnisse sind reproduzierbar ohne dabei die Uhr ständig im Blick zu behalten. Somit hat nicht nur die Spitzengastronomie Sous-Vide schon längst für sich entdeckt.

***Tipp:** das Vakuumieren von Lebensmitteln (auch im Rohzustand) kann deren Haltbarkeit erheblich verlängern. So können Sie Ihr Vakuumiergerät auch für die Lagerung von Aufschnitt, Käse, Gemüse oder einzufrierendes Fleisch verwenden.*

Kerntemperatur

Wie bereits erläutert wird beim Sous-Vide-Garen die Hitzequelle bzw. der Thermalisierer auf die zu erreichende Kerntemperatur des Lebensmittels eingestellt. Dies gewährleistet, dass die ideale Gartemperatur stets erreicht, aber niemals überschritten wird. Ein „zu langes" Garen ist also nicht möglich und es macht nichts aus, wenn Fleisch, Fisch oder Gemüse mal etwas länger als geplant im Wasserbad verweilen.

In der untenstehenden Tabelle finden Sie die idealen Kerntemperaturen für die gängigsten Fleisch-, Fisch- und Meeresfrüchtesorten:

Lebensmittel	Garstufe	Kerntemperatur (Richtwerte)
Rind & Lamm	rare	50°C
	medium rare	55°C
	medium	60°C
	medium well	65°C
	well done	70°C
Kalb	rosa	65°C
	durch	75°C
Schwein	rosa	65°C
	durch	75°C
Entenbrust	rosa	65°C
	durch	80°C
Entenbraten	durch	80°C
Huhn	durch	70°C
Pute	durch	80°C
Straußenfilet	durch	60°C
Reh	rosa	60°C
	durch	75°C
Hirsch	rosa	65°C
	durch	75°C
Wildschwein	rosa	60°C
	durch	75°C
Lachs	gar	60°C
Zander	gar	62°C
Seeteufel	gar	62°C
Thunfisch	gar	62°C
Rotbarsch	gar	55°C
Kabeljau	gar	54°C
Hecht	gar	63°C
Scampi	gar	62°C
Pulpo (Oktopus)	gar	80°C

FLEISCH

Das zarteste Rinderfilet der Welt

Vorbereitungszeit: **15 min**
Ruhezeit I: **1-2 Std**
Garzeit: **2 Std 30 min**
Ruhezeit II: **10 min**

Zutaten:
Für 3-4 Personen
> Rinderfilet am Stück (ca. 500g)
> 1 Zweig frischer Rosmarin
> 1 EL Olivenöl
> 50 g Butter
> Salz und Pfeffer nach belieben

> Das Rinderfilet aus dem Kühlschrank nehmen mit etwas Olivenöl, Salz und dem Rosmarinzweig in einen Vakuumbeutel geben und vakuumieren. Legen Sie einige Rosmarinnadeln für später beiseite.
> Das Fleisch mindestens 1-2 Std bei Raumtemperatur ruhen lassen.
> Das Wasserbad auf 56°C vorheizen und den Vakuumbeutel für etwa 2 Std 30 min in das Wasserbad geben.
> Das Rinderfilet aus dem Beutel nehmen und trockentupfen
> Butter in einer gusseisernen Pfanne erhitzen und das Fleisch kurz von beiden Seiten stark anbraten. Etwas Butter hinzugeben und in der Pfanne auf eine Seite laufen lassen. Die Rosmarinnadeln kurz darin frittieren und sofort wieder das Filet damit überschöpfen. Es ist wichtig, das Fleisch nur sehr kurz und sehr heißem anzubraten, da es sonst übergart und austrocknet.
> Das Rinderfilet pfeffern und etwa 10 min ruhen lassen. Anschließend tranchieren und auf einem Holzbrett anrichten.

Gulasch Sous-Vide

Vorbereitungszeit: **30 min**
Garzeit: **12 Std**

Zutaten:
Für 4 Personen

> 500 g Rindergulasch
> 2 EL Butter
> 2 TL Paprikapulver
> 2 große Zwiebeln
> 2 Paprikaschoten (rot)
> 250 ml Rinderfond
> Mehl zum Binden
> 2 Knoblauchzehen
> 1 TL Kreuzkümmel
> Salz und Pfeffer nach Belieben

> Zwiebel und Paprika in Streifen schneiden.
> Fleischwürfel in Butter anbraten und mit dem Paprikapulver bestreuen.
> Zwiebeln und Paprika hinzugeben und mitdünsten.
> Mit dem Rinderfond aufgießen.
> Soße mit etwas Mehl binden.
> Mit geriebenem Knoblauch, Kreuzkümmel, Salz und Pfeffer abschmecken und abkühlen lassen.
> Das Wasserbad auf 65°C vorheizen.
> Das Gulasch mit den Lorbeerblättern in einen oder mehrere Beutel geben, vakuumieren und 12 Stunden in das Wasserbad geben.
> Dazu passen Kartoffeln, Nudeln oder frisches Brot.

„Fall-off-the-Bone“ Spare Ribs

Vorbereitungszeit: **10 min**
Marinierzeit: **1 Std**
Garzeit: **6 Std**

Zutaten:
Für 2 Personen

- 1 kg Spare Ribs
- 3 EL Barbecue-Soße
- 3 TL Paprikapulver
- 1 TL Chilipulver
- 1 TL Knoblauchpulver
- 1/2 TL Salz
- 1/2 TL gemahlener Pfeffer
- 1/2 TL mittelscharfer Senf
- 1 Spritzer Zitronensaft

- Alle trockenen Gewürze vermengen und anschließend mit der Barbecue-Soße, dem Senf und dem Zitronensaft verrühren.
- Die Spare Ribs gründlich mit der Marinade einreiben und einzeln (pro Rack) in einen Plastikbeutel geben und vakuumieren.
- Für etwa eine Stunde bei Raumtemperatur ruhen lassen.
- Das Wasserbad auf 75°C vorheizen.
- Die Vakuumbeutel für mindestens 6 Stunden in das Wasserbad geben.
- Die Spare Ribs aus dem Beutel entnehmen und kurz im Backofen (Stufe grill, ca. 5 min) oder auf dem heißen Grill (ca. 2 min) grillen.
- Falls gewünscht, erneut mit Barbecue-Soße bestreichen.
- Mit Kartoffelpüree (S. 58) oder selbstgemachten Pommes Frites und Cole Slaw servieren.

Rehrücken mit Rotweinsoße

Vorbereitungszeit: **30 min**
Garzeit: **1 Std**
Ruhezeit: **10 min**

Zutaten:
Für 4 Personen

- 1 Rehrückenfilet
- 500 ml trockener Rotwein
- 200 ml Portwein
- 400 ml Kalbsfond
- 2 Karotten
- 1/8 Sellerie
- 1 mittelgroße Zwiebel
- 2 Knoblauchzehen
- 2 EL Tomatenmark
- 1/2 TL mittelscharfer Senf
- 100 g Butter
- Salz und Pfeffer nach Belieben

- Das Wasserbad auf 54°C vorheizen.
- Das Rehrückenfilet pfeffern, salzen, in einen Folienbeutel verpacken und vakuumieren.
- Für etwa 60 min im Wasserbad garen.
- In der Zwischenzeit das Rotweinjus vorbereiten. Dazu Gemüse schälen und in grobe Würfel schneiden und die Knoblauchzehen pressen.
- Alles zusammen in einem großflächigen Topf scharf anbraten. Das Tomatenmark und den Senf hinzufügen und kurz anschwitzen. Mit Rotwein, Portwein und Fond ablöschen. Auf etwa ein Drittel reduzieren lassen.
- Durch ein Sieb gießen, mit der Butter vermengen, abschmecken und warmhalten.
- Das Rückenfilet entnehmen und trockentupfen.
- Eine gusseiserne Pfanne mit ein wenig Öl stark erhitzen und das Fleisch von allen Seiten sehr kurz scharf anbraten.
- Den Rehrücken etwa 10 min ruhen lassen und tranchieren. Mit der Rotweinsoße anrichten und servieren.
- Dazu passt Kartoffelpüree (S. 58).

Entrecôte in Portweinjus

Vorbereitungszeit: **15 min**
Garzeit: **90 min**
Ruhezeit: **10 min**

Zutaten:
Für 4 Personen

- 4 Entrecôte-Steaks (je ca. 250 g)
- 3 Zweige frischer Thymian
- 3 Zweige frischer Rosmarin
- 4 TL Olivenöl
- 25 g Butter
- 2 TL Zucker
- 300 ml Rotwein
- 200 ml Portwein
- 1-2 EL Butterschmalz
- Salz und Pfeffer nach Belieben

- Das Wasserbad auf 56°C vorheizen.
- Jedes Entrecôte einzeln vakuumieren. Dabei zu jedem Steak je einen halben Zweig Thymian und Rosmarin sowie etwas Olivenöl geben.
- Die Steaks im Wasserbad etwa 90 Minuten garen lassen.
- 30 Minuten vor Ende der Garzeit, den Zucker mit der Butter in einen Topf karamellisieren.
- Karamell mit dem Rot- und Portwein ablöschen. Die restlichen Thymian- und Rosmarinzweige zugeben und alles leicht köcheln lassen.
- Auf ein Drittel der Flüssigkeit reduzieren, die Kräuter entnehmen und warmhalten.
- Steaks aus den Beuteln entnehmen, trockentupfen und in sehr heißem Butterschmalz von jeder Seite sehr kurz scharf anbraten.
- Das Fleisch etwa 10 Minuten lassen.
- Rotweinfond mit Butter andicken und abschmecken.
- Dazu passen Kartoffelstampf (S. 58) und Parmesan-Brokkoli (S. 69).

Rosa Entenbrust à l'Orange

Vorbereitungszeit: **10 min**
Garzeit: **1 Std 30 min**
Ruhezeit: **5 min**

Zutaten:
Für 2 Personen

- 1 Barbarie Entenbrust mit Haut
- 1 TL Honig
- 1 dünne Scheibe Orange (mit Schale)
- Salz und Pfeffer nach Belieben

- Das Wasserbad auf 65°C vorheizen.
- Die Entenbrust trockentupfen und die Hautseite kreuzförmig einschneiden. Anschließend mit Honig einreiben, mit Salz und Pfeffer bestreuen und zusammen mit der Orangenscheibe in einem Beutel vakuumieren.
- Den Vakuumbeutel nun für etwa 1 Std 30 min in das Wasserbad geben.
- Nach Ablauf der Garzeit, die Entenbrust aus dem Beutel entnehmen, trockentupfen und die Orange entfernen.
- Eine gusseiserne Pfanne erhitzen und die Entenbrust beginnend mit der Hautseite, ohne Zugabe von Fett, von beiden Seiten kurz krossbraten. Dabei ist es wichtig, das Fleisch nur sehr kurz in die Pfanne zu geben, da es sonst übergart und austrocknet.
- Die Entenbrust mindestens 5 min ruhen lassen und anschließend tranchieren.
- Dazu passen Kartoffelstampf (S. 58) und glasierte Möhren (S. 63) oder klassisch Rotkohl und Knödel.

24-Stunden Tafelspitz

Vorbereitungszeit: **30 min**
Garzeit: **24 Std**

Zutaten:
Für 4-5 Personen
> Tafelspitz am Stück (ca. 1 kg)
> 1 Möhre
> 1 rote Zwiebel
> 1/4 Sellerie
> 1 EL Olivenöl
> 100 ml Weißwein
> 1 Lorbeerblatt
> Salz und Pfeffer nach belieben

> Das Wasserbad auf 64°C vorheizen.
> Die Möhre, Zwiebel und den Sellerie in kleine Würfel schneiden und mit etwas Öl in einer Pfanne bei mittlerer Hitze anschwitzen, mit dem Wein ablöschen und stark reduzieren lassen.
> Das Tafelspitz mit etwas Olivenöl, Salz und Pfeffer einreiben und zusammen mit dem Gemüse und dem Lorbeerblatt in einen Vakuumbeutel geben und vakuumieren.
> Den Vakuumbeutel für etwa 24 Std in das Wasserbad geben.
> Nach Ablauf der Garzeit, Tafelspitz aus dem Beutel entnehmen und tranchieren.
> Dazu passen Petersilienkartoffeln, Wurzelgemüse und Meerrettichsoße.

Schweinefilet-Carpaccio

Vorbereitungszeit: **30 min**
Garzeit: **75 min**
Ruhezeit: **2 Std**

Zutaten:
Für 4 Personen

- 600 g Schweinefilet
- Olivenöl
- 3 Lorbeerblätter
- 1 Knoblauchzehe
- 1 Packung Rucola
- Etwas Limettensaft
- 80 g Parmesan
- Salz und Pfeffer nach Belieben

- Das Wasserbad auf 60°C vorheizen.
- Schweinefilet mit Öl einstreichen, salzen und pfeffern.
- Fleisch, Lorbeerblätter und Knoblauch in einen Beutel geben und vakuumieren
- Für etwa 75 Minuten in das Wasserbad geben.
- Ruhen und abkühlen lassen
- In hauchdünne Scheiben schneiden und auf Tellern anrichten.
- Rucola waschen und auf dem Carpaccio verteilen.
- Mit etwas Zitronensaft, Olivenöl, Salz, Pfeffer und gehobeltem Parmesan bestreuen.
- Mit frischem Ciabatta servieren.

Butterzarte Lammkeule

Vorbereitungszeit: **15 min**
Garzeit: **18 Std**

Zutaten:
Für 4 Personen
- 1 kg Lammkeule
- 2 Rosmarinzweige
- 2 EL Olivenöl
- 1 Knoblauchzehe
- 2 EL Butterschmalz
  Salz und Pfeffer nach Belieben

- Das Wasserbad auf 65°C vorheizen.
- Die entbeinte Lammkeule rundum mit Olivenöl, gepresstem Knoblauch, Salz und Pfeffer einreiben.
- Rosmarinzweige auf das Lammfleisch legen.
- Das Fleisch mit Rosmarinzweigen bedecken und zusammengeklappt in einen Beutel geben und vakuumieren.
- Für etwa 18 Stunden im Wasserbad garen lassen.
- Das Lammfleisch aus dem Beutel nehmen und trockentupfen.
- In heißem Butterschmalz von allen Seiten sehr kurz scharf anbraten.
- Dazu passen Kartoffelspalten und Rosmarin-Bohnen (S. 74).

Spinat-Wachtel-Röllchen

Vorbereitungszeit: **30 min**
Garzeit: **60 min**

Zutaten:
Für 4 Personen

- 4 Wachteln
- 2 Hähnchenbrustfilet
- 100 g frischer Blattspinat
- Kräuter nach Belieben, klein gehackt
- 2 EL Butter
- Salz und Pfeffer nach Belieben

- Das Wasserbad auf 60°C vorheizen.
- Den Spinat und die Hähnchenbrust waschen, trocken tupfen, klein schneiden und pürieren.
- Das Wachtelfleisch vom Knochen lösen, waschen, trockentupfen und leicht salzen und pfeffern.
- Die Wachtelbrüste auf eine Vakuumierfolie legen und die Hähnchen-Spinatfarce darauf verteilen. Mit den Wachtelschenkeln bedecken und leicht andrücken.
- In die Folie wickeln und zu einer Rolle formen und vakuumieren. Je nach Menge und Größe evtl. mehrere Rollen daraus formen und einzeln vakuumieren.
- Im Wasserbad etwa 60 Minuten garen.
- Wachtelröllchen in heißer Butter mit den Kräutern kurz scharf anbraten.
- Dazu passen Kartoffeln und Sauerkraut (S. 68).

Pulled Pork

Vorbereitungszeit: **15 min**
Garzeit: **12 Std**

Zutaten:
Für 4 Personen

- 1 Schweineschulter (ca. 750g)
- 3 TL Paprikapulver
- 1 TL Chilipulver
- 1 TL Knoblauchpulver
- 1 TL Zwiebelpulver
- 1/2 TL Salz
- 1/2 TL gemahlener Pfeffer
- Barbecue-Soße nach Belieben

- Das Wasserbad auf 80°C vorheizen.
- Alle trockenen Gewürze vermengen.
- Die Schweineschulter mit etwa der Hälfte der Gewürzmischung einreiben, in einen Plastikbeutel geben und vakuumieren.
- Den Vakuumbeutel für mindestens 12 Stunden in das Wasserbad geben.
- Den Backofen auf 180°C vorheizen.
- Das Fleisch aus dem Beutel entnehmen, trockentupfen und mit der restlichen Gewürzmischung einreiben.
- Im Backofen ca. 10 min fertiggaren.
- Fleisch auf einem Brett anrichten, mit einer Gabel in mundgerechte Stücke zerpflücken und mit Salz und Pfeffer abschmecken.
- Mit Barbecue-Soße, Pommes Frites und Cole Slaw servieren.

Hähnchenbrustfilet mit Preiselbeer-Chili-Schaum

Vorbereitungszeit: **5 min**
Garzeit: **2 Std**

Zutaten:
Für 2 Personen

> 2 Hähnchenbrustfilets
> Salz und Pfeffer nach Belieben
> 200 ml Preiselbeersaft (Cranberrysaft)
> 1 kleine Chilischote
> 1/2 TL geriebener Ingwer
> 1 EL Xanthan
> 1 Prise Natron
> 1-2 TL brauner Zucker (optional)

> Das Wasserbad auf 70°C vorheizen.
> Die Hähnchenbrustfilets mit kaltem Wasser abspülen und trockentupfen
> Das Fleisch mit Salz und Pfeffer einreiben und in einem Plastikbeutel vakuumieren
> Den Vakuumbeutel nun für etwa 2 Std in das Wasserbad geben.
> In der Zwischenzeit den Preiselbeersaft zuckern (bei Bedarf). Falls nötig, die Säure mit etwas Natron ausgleichen (nur in Prisen hinzugeben). Mit der fein geschnittenen Chilischote und dem Ingwer aufkochen, um etwa die Hälfte reduzieren und abkühlen lassen. Mit Salz und Pfeffer abschmecken.
> Die Soße durch ein Sieb gießen und das Xanthan mit einem elektrischen Handrührgerät einrühren. Erneut durch ein Sieb gießen und im Kühlschrank kaltstellen.
> Nach Ablauf der Garzeit, die Hähnchenbrustfilets aus dem Beutel entnehmen und trockentupfen
> Eine gusseiserne Pfanne erhitzen und das Fleisch kurz von beiden Seiten anbraten. Dabei ist es wichtig, die Hähnchenbrustfilets nur sehr kurz in sehr heißem Fett anzubraten, da das Fleisch sonst übergart und austrocknet.
> Mit dem Preiselbeer-Chili-Schaum anrichten.
> Dazu passt z.B. Ceaser Salad.

Hähnchen-Kohlrouladen

Vorbereitungszeit: **25 min**
Garzeit: **40 min**

Zutaten:
Für 2 Personen
> 2 Hähnchenbrustfilets
> 4 Wirsingkohl-Blätter
> 1 Knoblauchzehe
> 1 EL Olivenöl
> 1 Schalotte
> 1 EL Petersilie
> 1 Rosmarinzeig
> Etwas frische Petersilie
> Salz und Pfeffer nach Belieben

> Das Wasserbad auf 75°C vorheizen.
> Wirsingkohlblätter kurz in kochendem Salzwasser blanchieren und sofort in Eiswasser abschrecken.
> Kohlblätter auf ein Geschirrtuch nebeneinanderlegen. Mit einem weiteren Geschirrtuch abdecken und plattdrücken.
> Knoblauch, Schalotte, Fleisch und Kräuter fein hacken.
> Olivenöl in einer Pfanne erhitzen. Schalotte, Hähnchenbrustfilet, Kräuter und Knoblauch anbraten, salzen und pfeffern.
> Die Fleischmasse auf den Kohlblättern verteilen und zu festen Rouladen wickeln.
> Kohlrouladen in einen oder mehrere Beutel geben und vakuumiert im Wasserbad 40 Minuten garen.
> Mit Kartoffelpüree (S. 58) servieren.

Rosa Schweinerücken

Vorbereitungszeit: **15 min**
Garzeit: **90 min**

Zutaten:
Für 4 Personen
> 600 g Schweinerücken
> Olivenöl
> 1 Knoblauchzehe
> 2 Lorbeerblätter
> 30 g Butter
> Salz und Pfeffer nach Belieben

> Das Wasserbad auf 65°C vorheizen.
> Knoblauch in feine Scheiben schneiden.
> Fleisch mit Olivenöl bestreichen und einmassieren.
> Knoblauch und Lorbeerblätter auf das Fleisch legen und in einem Vakuumbeutel vakuumieren.
> Beutel etwa 90 Minuten im Wasserbad garen.
> Butter in einer Pfanne stark erhitzen und das Fleisch darin kurz von allen Seiten anbraten.
> Fleisch salzen und pfeffern und tranchieren.
> Dazu passt z.B. gebratenes Gemüse oder Risotto (S. 43).

Tafelspitz vom Kalb

Vorbereitungszeit: **10 min**
Garzeit: **2 Std 30 min**
Ruhezeit: **10 min**

Zutaten:
Für 2 Personen

> 300 g Tafelspitz vom Kalb
> 2 Lorbeerblätter
> 1 TL Tomatenmark
> 1 EL süßer Senf
> 3 EL Olivenöl
> Salz und Pfeffer nach Belieben

> Das Wasserbad auf 60°C vorheizen.
> Das Kalbsfleisch waschen, trockentupfen und mit dem Senf, 2 EL Olivenöl und Tomatenmark einreiben.
> Fleisch und Lorbeerblätter in einem Beutel vakuumieren und etwa 2½ Stunden garen.
> Tafelspitz aus dem Beutel nehmen und trockentupfen
> In einer stark erhitzten Pfanne kurz von allen Seiten scharf in 1 EL Olivenöl anbraten.
> Kurz ruhen lassen, salzen, pfeffern und tranchieren.
> Dazu passen Parmesan-Kartoffeln (S. 60).

Hähnchenbrust Mediterran

Vorbereitungszeit: **15 min**
Garzeit: **70 min**

Zutaten:
Für 4 Personen

> 200 g getrocknete Tomaten
> 4 Hähnchenbrustfilets
> 3 EL Olivenöl
> 1 EL Oregano
> 1 EL Basilikum
> 1 EL Paprikapulver
> Salz und Pfeffer nach Belieben

> Das Wasserbad auf 70°C vorheizen.
> Getrocknete Tomaten in ein Sieb geben und abtropfen lassen. Das Öl auffangen.
> Hähnchenbrustfilets waschen, trockentupfen mit Salz und Pfeffer einreiben und im heißen Öl der Tomaten von allen Seiten scharf anbraten.
> Das Hähnchenfleisch kurz abkühlen lassen und mit den Tomaten und den Gewürzen in einem Beutel vakuumieren.
> Für etwa 70 Minuten in das Wasserbad geben.
> Mit Ratatouille (S. 60) servieren.

Rosarotes Roastbeef

Vorbereitungszeit: **20 min**
Ruhezeit I: **1-2 Std**
Garzeit: **4 Std**
Ruhezeit II: **10 min**

Zutaten:
Für 4-5 Personen
> Roastbeef (ca. 1 kg)
> 2 Zweige Rosmarin
> 2 Zweige Thymian
> 2 Lorbeerblätter
> 1 EL Olivenöl
> 1 EL Butter
> Salz und Pfeffer nach Belieben

> Das Roastbeef aus dem Kühlschrank nehmen und mit Olivenöl einreiben. Die Rosmarin-, Thymian- und Lorbeerblätter zusammen mit dem Roastbeef in einem Beutel vakuumieren.
> Das Fleisch nun mindestens 1-2 Std bei Raumtemperatur ruhen lassen.
> Das Wasserbad auf 60°C vorheizen und den Vakuumbeutel für etwa 4 Std in das Wasserbad geben.
> Das Roastbeef aus dem Beutel entnehmen und trockentupfen.
> Eine gusseiserne Pfanne mit ein wenig Öl stark erhitzen und das Roastbeef von allen Seiten sehr kurz stark anbraten. (Das Fleisch dabei nur sehr kurz in sehr heißem Fett anbraten, da es sonst übergart und austrocknet.) Mit der Butter aufschäumen und übergießen.
> Das Roastbeef mindestens 10 min ruhen lassen. Anschließend tranchieren und auf einem Holzbrett anrichten.
> Dazu passen Parmesan-Kartoffeln (S. 60) und glasierte Möhren (S. 63).

Schweinefilet in Dijon-Estragon-Soße

Vorbereitungszeit: **20 min**
Garzeit: **2 Std**
Ruhezeit: **5 min**

Zutaten:
Für 3 bis 4 Personen

> 1 Schweinefilet
> 1 Bund frischer Estragon
> 1 EL Dijon Senf
> 1 Becher Sahne
> 1 Schalotte
> 1 EL Olivenöl
> 20 g Butter
> Salz und Pfeffer nach Belieben

> Das Wasserbad auf 59°C vorheizen.
> Das Schweinefilet trockentupfen, mit Olivenöl einreiben und mit Salz und Pfeffer bestreuen. Den Estragon putzen, und fein hacken. Die Schalotte schälen und in feine Würfel schneiden.
> Das Schweinefilet zusammen mit etwas Estragon in einem Beutel vakuumieren.
> Für ca. 2 Std in das Wasserbad geben.
> In der Zwischenzeit die Schalottenwürfel bei mittlerer Hitze in der Butter anschwitzen und mit Sahne ablöschen. Den übrigen Estragon und den Dijon Senf dazugeben und etwas köcheln lassen. Anschließend warmhalten.
> Das Schweinefilet aus dem Beutel entnehmen und trockentupfen.
> Eine gusseiserne Pfanne mit ein wenig Öl stark erhitzen und das Fleisch von allen Seiten stark anbraten. Dabei ist es wichtig, das Schweinefilet nur sehr kurz in sehr heißem Fett anzubraten, da es sonst übergart und austrocknet.
> Das Schweineilet schräg tranchieren und auf dem Dijon-Estragon-Rahm anrichten.
> Z.B. auf Ratatouille-Gemüse servieren (S. 60)

Coq au Vin

Vorbereitungszeit: **45 min**
Marinierzeit: **24 Std**
Garzeit: **3 Std**

Zutaten:
Für 4 bis 6 Personen

> 1 ganzes Hähnchen (ca. 1 bis 1,4 kg)
> 1 Bund Suppengemüse
> 500 ml trockener Rotwein
> 1 EL Olivenöl
> 200 ml Geflügelfond
> 1 frischer Thymianzweig
> 1 frischer Rosmarinzwei
> 1 Lorbeerblatt
> 1 EL Tomatenmark
> 1 Knoblauchzehe, gepresst
> 25 g Mehl
> 25 g Butter
> 400 g braune Champignons
> 6 rote Zwiebeln
> 100 g durchwachsener Speck, gewürfelt
> Salz und Pfeffer nach Belieben
> frische Petersilie, nach Belieben

> Das Hähnchen waschen, trockentupfen und zerteilen. Das Suppengemüse waschen, schälen und in mundgerechte Stücke schneiden. Zusammen für mindestens 24 Stunden im Rotwein marinieren lassen.

> Das Wasserbad auf 80°C Grad erwärmen.

> Die Hähnchenteile aus der Marinade entnehmen, den Rotwein und das Gemüse beiseitestellen.

> Das Fleisch salzen, pfeffern und 1 EL Olivenöl hinzugeben. Die Hähnchenteile auf mehrere Plastikbeutel verteilen und vakuumieren.

> Für etwa 3 Std im Wasserbad garen.

> In der Zwischenzeit den Rotwein zusammen mit dem Geflügelfond, Tomatenmark, Knoblauch, Lorbeerblatt, Thymian- und Rosmarinzweig in einen großen Topf geben und zum Kochen bringen. Bei mittlerer Hitze etwa 20 min reduzieren.

> Lorbeerblatt, Thymian- und Rosmarinzweig entfernen und mit Salz und Pfeffer abschmecken.

> Butter und Mehl verrühren. Langsam unter die Soße rühren. Erneut aufkochen. Bis zur gewünschten Konsistenz köcheln lassen und warmhalten.

> Die Champignons putzen und halbieren, die Zwiebeln schälen und fein würfeln.

> Die Pilze und den Speck scharf anbraten. Nach etwa 10 min die Zwiebeln hinzugeben und bei mittlerer Hitze glasig dünsten. Von der Herdplatte nehmen, abdecken und beiseitestellen.

> Die Hähnchenteile aus dem Wasserbad nehmen und mit den Zwiebeln und Champignons in die Soße geben.

> Mit frischer Petersilie anrichten. Dazu französisches Baguette servieren.

FISCH & MEERESFRÜCHTE

Lachs auf Erbsenstampf mit grünem Spargel

Vorbereitungszeit: **20 min**
Garzeit: **1 Std 15 min**

Zutaten:
Für 2 Personen
> 2 Lachs-Filets (je ca. 250 g)
> 1/4 TL geriebener Ingwer
> 1/4 TL geriebenes Zitronengras
> 300 g Erbsen (tiefgekühlt)
> 100 ml Gemüsebrühe
> 1 Knoblauchzehe
> 1 Schalotte
> 1 Limette
> 1 Zweig frische Petersilie
> 2 EL Olivenöl
> Salz und Pfeffer nach Belieben

> Den Spargel vorbereiten (S. 61)
> Das Wasserbad auf 58°C vorheizen.
> Den Lachs mit Ingwer, Zitronengras und Olivenöl einreiben, pfeffern, salzen, in einen Beutel geben und vakuumieren.
> Für ca. 25 min in das Wasserbad legen.
> Für den Erbsenstampf die Schalotte in feine Würfel schneiden und den Knoblauch pressen. Beides mit etwas Olivenöl bei mittlerer Hitze im Topf anschwitzen. Mit Brühe ablöschen und köcheln lassen.
> Den Topf vom Herd nehmen, die Erbsen hinzugeben und den Deckel schließen. Etwa 5 min beiseitestellen, bis die Erbsen aufgetaut sind.
> Etwas Schale von der Limette abreiben und die Petersilie kleinhacken. Mit der Butter, etwas Salz und Pfeffer zu den Erbsen geben und pürieren.
> Den Lachs entnehmen und trocknen.
> Eine Pfanne stark erhitzen und den Lachs auf der Hautseite kurz scharf anbraten.
> Den Lachs auf dem Erbsenstampf mit dem Spargel anrichten und servieren.

Kabeljaufilet mit Blumenkohlröschen

Vorbereitungszeit: **10 min**
Garzeit: **1 Std 10 min**

Zutaten:
Für 4 Personen

- 4 Kabeljaufilets (je ca. 200g)
- 1 Spritzer Zitronensaft
- 1 Prise brauner Zucker
- 4 EL Olivenöl
- 1 Prise Kurkuma
- 1 Prise Paprikapulver
- Salz und Pfeffer nach Belieben

- Die Blumenkohlröschen (S. 65) vorbereiten.
- Das Wasserbad auf 54°C vorheizen.
- Die Kabeljaufilets waschen, trockentupfen, leicht pfeffern und salzen. Zusammen mit den restlichen Zutaten in einen Beutel geben und vakuumieren.
- Den Vakuumbeutel für etwa 30 min in das Wasserbad geben.
- Nach Ablauf der Garzeit den Beutel aus dem Wasserbad entnehmen und den Thymianzweig entfernen. Eine Pfanne stark erhitzen und den Fisch, mit der Hautseite zuerst, von beiden Seiten kurz anbraten.
- Mit den Blumenkohlröschen anrichten und servieren.

Zanderfilet mit Glasierten Möhren

Vorbereitungszeit: **10 min**
Garzeit: **1 Std 20 min**

Zutaten:
Für 4 Personen
> 800 g Zanderfilet mit Haut
> 1 Knoblauchzehe
> 50 g Butter
> 1 Spritzer Zitronensaft
> Salz und Pfeffer nach Belieben

> Die Möhren vorbereiten (S. 63).
> Das Wasserbad auf 58°C vorheizen.
> Das Zanderfilet waschen, trockentupfen und in portionsgroße Stücke schneiden, leicht pfeffern und salzen. Zusammen mit der Butter, einer geriebenen Knoblauchzehe und dem Zitronensaft in einen Folienbeutel geben und vakuumieren.
> Den Vakuumbeutel für etwa 20 min in das Wasserbad geben.
> Nach Ablauf der Garzeit den Beutel aus dem Wasserbad entnehmen. Eine Pfanne stark erhitzen und den Fisch, mit der Hautseite zuerst, von beiden Seiten kurz scharf anbraten.
> Mit den Möhren anrichten und sofort servieren.

Saftiges Thunfisch-Steak

Vorbereitungszeit: **10 min**
Garzeit: **40 min**

Zutaten:
Für 2 Personen

- 2 frische Thunfisch-Steaks
- 2 EL Sojasoße
- ½ TL brauner Zucker
- 1 TL Butter
- ½ TL geriebener Ingwer
- Frischer Schnittlauch nach Belieben

- Das Wasserbad auf 42°C vorheizen.
- Die Thunfisch-Steaks mit der Butter und dem Ingwer einreiben. Nebeneinander in einen Plastikbeutel geben, die Sojasoße und den Zucker hinzufügen und vakuumieren.
- Für etwa 40 min im Wasserbad garen.
- Nach Ablauf der Garzeit, die Steaks aus dem Beutel entnehmen, und trockentupfen.
- Eine Pfanne erhitzen und die Thunfisch-Steaks mit etwas Butterschmalz von beiden Seiten kurz und kräftig anbraten.
- Mit dem frisch geschnittenen Schnittlauch garnieren und mit Salat und Ciabatta servieren.

Französischer Meerestopf

Vorbereitungszeit: **60 min**
Garzeit: **3 Std 25 min**

Zutaten:
Für 4 Personen
> 300 g Miesmuscheln
> 300 g Oktopus
> 150 g Seebarsch
> 1 Knoblauchzehe
> 1 EL Olivenöl
> 150 g Kirschtomaten
> ½ Bund Oregano
> ½ Bund Basilikum
> 1 Lorbeerblatt
> 1 Prise geriebene Chiliflocken
> Salz und Pfeffer nach Belieben

> Das Wasserbad auf 60°C vorheizen.
> Muscheln putzen und mit gehacktem Knoblauch und Olivenöl vakuumieren
> Etwa 10 Minuten im Wasserbad garen und entnehmen. Beutel abkühlen lassen.
> Das Wasserbad auf 80° erhitzen.
> Oktopus gründlich waschen und vakuumieren. Im Wasserbad für etwa 3 Stunden garen. Beutel abkühlen lassen.
> Diese Schritte können auch sehr gut bereits am Vortag durchgeführt werden.
> Das Wasserbad auf 60° vorheizen.
> Muscheln aus dem Beutel nehmen.
> Beim Entnehmen des Muschelfleisches aus den Schalen das Muschelwasser auffangen.
> Den Oktopus und den Seebarsch in kleine Stücke schneiden.
> Den Seeteufel, Muschelfleisch, Muschelwasser, Oktopus, die halbierten Tomaten, Kräuter und etwas Olivenöl in einen Beutel geben und vakuumieren.
> Etwa 15 Minuten im Wasserbad garen.
> Entnehmen, abschmecken und mit geröstetem Brot servieren.

Zarter Rotwein-Pulpo

Vorbereitungszeit: **10 min**
Garzeit: **5 Std**

Zutaten:
Für 3 bis 4 Personen
> Pulpo im Ganzen (ca. 700 g)
> 200 ml trockener Rotwein
> 1 Lorbeerblatt
> 1 Spritzer Zitronensaft
> 2 TL Paprikapulver
> 1 EL Tomatenmark
> Salz und Pfeffer nach Belieben

> Das Wasserbad auf 80°C vorheizen.
> Den Pulpo im Ganzen mit Rotwein, Tomatenmark und dem Lorbeerblatt in einen Beutel geben und vakuumieren.
> Für etwa 5 Std im Wasserbad garen.
> Nach Ablauf der Garzeit den Pulpo aus dem Wasserbad nehmen und das Lorbeerblatt entfernen. Zur Überprüfung des Garpunkts einen Zahnstocher in die dickste Stelle des Pulpo stechen. Dies sollte ohne Widerstand möglich sein.
> Den Kopf entfernen und die Tentakeln in mundgerechte Stücke schneiden.
> Mit Zitrone, Salz und Pfeffer abschmecken und mit dem Paprikapulver bestreuen.
> Mit Salzkartoffeln und Salat servieren.

Saltimbocca vom Wolfsbarsch

Vorbereitungszeit: **30 min**
Garzeit: **20 min**

Zutaten:
Für 4 Personen

> 4 Wolfsbarschfilets
> 4 dünne Scheiben mildgeräucherter Schinken
> 1 Bund Petersilie
> 1 EL Olivenöl
> 2 EL Butter
> Salz und Pfeffer nach Belieben

> Das Wasserbad auf 58°C vorheizen.
> Die Wolfsbarschfilets mit Olivenöl einreiben, salzen und pfeffern.
> Mit jeweils einer Scheibe Schinken umwickeln.
> Mit etwas Petersilie in 2 oder 4 Plastikbeutel geben und vakuumieren.
> Für 20 Minuten in das Wasserbad geben.
> Den Fisch aus dem Beutel entnehmen und in heißer Butter kurz von beiden Seite scharf anbraten. Dabei immer wieder mit Butter übergießen.
> Mit Steinpilz-Risotto (S. 43) servieren.

VEGETARISCHE HAUPTGERICHTE

Marokkanisches Kürbis-Ragout

Vorbereitungszeit: **20 min**
Garzeit: **45 min**

Zutaten:
Für 2 Personen

> 500 g Kürbis
> 1 rote Zwiebel
> 2 Knoblauchzehen
> 1 Zweig frische Minze
> ½ EL Ras el Hanout (marokkanische Gewürzmischung)
> 1 TL Chilipulver)
> 2 EL Olivenöl
> 100 ml Mandelmilch (ungesüßt)
> 1 Spritzer Zitronensaft
> Salz und Pfeffer nach Belieben

> Das Wasserbad auf 80 °C vorheizen.
> Den Kürbis schälen und in daumengroße Würfel schneiden. Die Zwiebeln schälen und grob würfeln. Den Knoblauch schälen und pressen.
> Olivenöl, Meersalz, Knoblauch und die Gewürze vermischen.
> In eine Schüssel geben und Olivenöl, Meersalz, Knoblauch, Minze und die Gewürze unterheben und gut vermengen. In mehrere Vakuumbeutel geben und vakuumieren.
> Für etwa 45 Minuten in das Wasserbad geben.
> Etwa 10 Minuten vor Ende der Garzeit, die Mandelmilch in einer Pfanne mit offenem Deckel bis auf 1/3 reduzieren und anschließend mit geschlossenem Deckel köcheln lassen.
> Den oder die Beutel aus dem Wasserbad entfernen und den Inhalt zur Mandelmilch geben und etwa 5 min köcheln lassen.
> Mit Salz, Pfeffer und Zitronensaft abschmecken und mit frisch gebackenem Fladenbrot servieren.

Steinpilz-Risotto

Vorbereitungszeit: **30 min**
Garzeit: **45 min**

Zutaten:
Für 4 Personen
> 100 g frische Steinpilze
> 250 g Champignons
> 1 Tasse Arborio-Reis
> 1 Schalotte
> 1 EL Olivenöl
> 3 TL Butter
> 500 ml Rinderfond
> 100 ml trockener Weißwein
> 70 g geriebener Parmesan
> 1 kleine Frühlingszwiebel

> Das Wasserbad auf 82°C erwärmen.
> Die Pilze putzen und in dünne Scheiben schneiden. Die Schalotte von ihrer Schale befreien und in feine Würfel schneiden.
> Das Olivenöl und 1 TL Butter in einer Pfanne erhitzen und Champignons und Schalotte hinzugeben. Bei mittlerer Hitze etwa 10 min anschwitzen, bis die Pilze ihr Wasser abgegeben haben.
> Den Reis unterrühren und etwa 1 min kochen. Mit Weißwein ablöschen.
> Die Hitze herunterdrehen und köcheln lassen, bis die Flüssigkeit fast komplett verdampft ist. Die Steinpilze unterrühren und von der Herdplatte nehmen.
> In einen Plastikbeutel geben, Rinderfond hinzufügen, vakuumieren und für 45 min in das Wasserbad geben.
> Den Beutel aus dem Wasserbad entfernen und den Reis probieren. Falls nötig erneut für 5 min in das Wasserbad geben und ggf. wiederholen.
> Den Beutelinhalt in eine Schüssel geben, die restliche Butter, 50 g Parmesan und die Frühlingszwiebel unterrühren.
> Anrichten, mit dem verbliebenen Parmesan bestreuen und servieren.

Cremige Kürbissuppe

Vorbereitungszeit: **15 min**
Ruhezeit: **30 min**
Garzeit: **1 Std 30 min**

Zutaten:
Für 3 bis 4 Personen

- Kürbis (ca. 600 g)
- 3 EL Butter
- 1 rote Zwiebel
- 250 g Möhre
- 1 TL frischer Ingwer, gerieben
- 1 Knoblauchzehe, fein gehackt
- 1 Prise Muskatnuss
- 1 Prise Koriander
- 500 ml Gemüsebrühe
- 100 ml Sahne
- Etwas frische Petersilie
- Salz und Pfeffer nach Belieben

- Das Wasserbad auf 90°C vorheizen.
- Die Zwiebel schälen, würfeln und in einer Pfanne mit 1 EL Butter glasig dünsten. Abkühlen lassen.
- Kürbis und Möhren schälen und kleinwürfeln. Ingwer reiben, Knoblauch pressen und alles mit den Zwiebeln, Muskat und Koriander in eine Schüssel geben und vermengen.
- Etwa 30 Minuten ruhen lassen.
- Das Gemüse in einem Beutel vakuumieren und im Wasserbad etwa 90 Minuten garen (Kürbiswürfel sollten weich sein).
- Das abgekühlte Gemüse pürieren und in einen Topf geben.
- Gemüsebrühe zugeben, auf dem Herd erhitzen und mit Butter, Salz und Pfeffer abschmecken und langsam erwärmen.
- Mit etwas Sahne und frisch gehackter Petersilie servieren.

Apfel-Mangold-Gorgonzola-Salat

Vorbereitungszeit: **30 min**
Garzeit: **45 min**

Zutaten:
Für 3 bis 4 Personen

- 6 Äpfel
- 50 ml Limettensaft
- 2 Bund Mangold
- 5 EL Honig
- 200 g Gorgonzola (mild)
- 1 Kopf Eisbergsalat
- 1 EL Olivenöl
- ½ TL Aceto Balsamico di Modena
- Salz und Pfeffer nach Belieben

- Das Wasserbad auf 80°C vorheizen.
- Äpfel schälen, vierteln, entkernen und in dünne Scheiben schneiden.
- Apfelspalten, Limettensaft und Honig in einer Schüssel gut vermischen, in einen Beutel geben und vakuumieren.
- Mangold putzen und in feine Streifen schneiden.
- Mit Butter, Salz und Pfeffer vermengen, in einen Beutel geben und vakuumieren.
- Beide Beutel im Wasserbad etwa 45 Minuten garen,
- Beutel abkühlen lassen und im Kühlschrank bis zur Verwendung aufbewahren.
- Zum Servieren Apfelspalten und Mangold in einer Schüssel gut vermischen. Nochmals abschmecken.
- Gorgonzola in kleine Würfel schneiden.
- Eisbergsalat kleinschneiden und waschen. Trockenschütteln, ein Dressing aus Olivenöl, Aceto Balsamico und Salz und Pfeffer anrühren, abschmecken und den Blattsalat darin marinieren.
- Den Salat auf Tellern platzieren und die Apfel-Mangold-Mischung darauf anrichten und mit Gorgonzolawürfeln bestreuen.
- Mit frischem Baguette servieren.

Süßkartoffelspalten mit gegrillter Paprika

Vorbereitungszeit: **10 min**
Garzeit: **20 min**

Zutaten:
Für 2 Personen
> 2 große Süßkartoffeln
> 2 Zweige frischer Thymian
> Etwas Olivenöl
> 3 Paprikaschoten (gelb, rot, grün)
> 1 TL Knoblauchpulver
> Salz und Pfeffer nach Belieben

> Das Wasserbad auf 90°C vorheizen
> Die Süßkartoffeln schälen, in Spalten schneiden und in eine Schüssel geben.
> Mit etwas Olivenöl, Salz und Pfeffer vermengen und auf zwei große Vakuumbeutel verteilen. Je einen Thymianzweig hinzugeben und vakuumieren.
> Für etwa 20 Minuten im Wasserbad garen.
> In der Zwischenzeit die Paprika entkernen, in mundgerechte Stücke schneiden und in eine Schüssel geben. Mit etwas Olivenöl Salz, Pfeffer und dem Knoblauchpulver gründlich vermengen.
> Paprika in einer Pfanne bei starker Hitze von allen Seiten scharf anbraten, anschließend bei mittlerer Hitze weitergaren.
> Mit frischem Avocado-Dip (S. 73) servieren.

Grilltofu auf buntem Gemüsebett

Vorbereitungszeit: **20 min**
Garzeit: **40 min**

Zutaten:
Für 4 Personen

- 4 Scheiben Tofu
- 1 Süßkartoffel
- 1 Gurke
- 3 Karotten
- 1 Stange Lauch
- 3 Paprika (Farbe nach einer Wahl)
- 1 Schuss Olivenöl
- 1 TL Paprikapulver
- Salz und Pfeffer nach Belieben

- Das Wasserbad auf 85°C vorheizen.
- Das Gemüse waschen, putzen, ggf. schälen, entkernen und in mundgerechte Stücke schneiden und in eine Schüssel geben.
- Olivenöl, Paprikapulver, Salz und Pfeffer zu einer Marinade verrühren und über das Gemüse verteilen und gut vermengen. In einen Folienbeutel geben und vakuumieren.
- Für etwa 40 Minuten in das Wasserbad geben.
- Kurz vor Ende der Garzeit, den Tofu nach Belieben würzen (z.B. mit Olivenöl, Kräutersalz und Knoblauchpulver) und in einer Grillpfanne oder auf dem Grill anbraten bzw. grillen.
- Das Gemüse aus dem Wasserbad entnehmen, auf vier Tellern anrichten und den Tofu darauf drapieren.

Karottenpommes mit Tofuwürstchen

Vorbereitungszeit: **15 min**
Garzeit: **50 min**

Zutaten:
Für 4 Personen

- 500 g Karotten
- 1 TL Ingwer (gerieben)
- 2 EL Olivenöl
- 4 Tofuwürstchen
- 1 TL Knoblauchpulver
- Salz und Pfeffer nach Belieben

- Das Wasserbad auf 75 °C vorheizen.
- Die Karotten waschen, schälen und längs vierteln.
- Mit dem Ingwer in einen oder mehrere Folienbeutel geben und vakuumieren.
- Für etwa 50 Minuten in das Wasserbad geben.
- Die Karottenstifte aus dem Beutel entnehmen und trockentupfen.
- Eine Pfanne mit dem Olivenöl stark erhitzen. Die Karotten kurz von allen Seiten scharf anbraten und aus der Pfanne nehmen und auf etwas Küchenkrepp geben. Nun ggf. etwas Olivenöl nachfüllen und die Tofuwürstchen nach Anleitung auf der Packungsrückseite braten.
- Die Karotten mit Salz, Pfeffer und Knoblauchpulver abschmecken.

Tomatensoße Sous-Vide

Vorbereitungszeit: **10 min**
Garzeit: **45 min**

Zutaten:
Für 3 bis 4 Personen

> 500 g Cocktail-Tomaten
> 80 ml Olivenöl
> ½ Bund frischer Basilikum
> 1 TL Zucker
> 1 Zweig frischer Rosmarin
> 1 Zweig frischer Thymian
> 2 Knoblauchzehen
> Salz und Pfeffer nach Belieben

> Das Wasserbad auf 85°C vorheizen.
> Die Cocktailtomaten waschen und halbieren. Den Knoblauch pressen und alle Zutaten in einen Folienbeutel geben und vakuumieren. Gegebenenfalls auf mehrere Beutel aufteilen.
> Für etwa 45 Minuten in das Wasserbad geben.
> Mit frischer Pasta oder ofenfrischem Ciabatta servieren.

Schmorgemüse mit Grillkäse

Vorbereitungszeit: **15 min**
Garzeit: **50 min**

Zutaten:
Für 4 Personen
- 1 mittelgroße Zucchini
- 1 rote Paprikaschote
- 1 gelbe Paprikaschote
- 1 rote Zwiebel
- 1 Knoblauchzehe
- 2 Tomaten
- 1 EL Aceto Balsamico di Modena
- 2 EL Olivenöl
- 1 TL Salz
- Etwas Tomatenmark
- Zucker
- 4 Grillkäse
- Salz und Pfeffer nach Belieben

- Das Wasserbad auf 65 °C vorheizen.
- Die Paprika, Zucchini und Tomate waschen und in daumengroße Würfel schneiden. Die Zwiebel schälen und in grobe Würfel schneiden und den Knoblauch schälen und pressen.
- Alles in eine Schüssel geben und mit allen weiteren Zutaten, mit Ausnahme des Grillkäses, vermengen.
- In einen großen oder mehrere kleine Vakuumbeutel geben und vakuumieren.
- Für etwa 50 Minuten in das Wasserbad geben.
- Etwa 10 Minuten vor Ende der Garzeit, den Grillkäse auf dem Grill oder in einer Pfanne von beiden Seiten anbraten.
- Erneut mit Salz und Pfeffer abschmecken und servieren.

Spargel mit Kartoffeln

Vorbereitungszeit: **5 min**
Garzeit: **30 min**

Zutaten:
Für 2 Personen
> 500 g Spargel
> 30 g Butter
> 1 TL Zucker
> 1 Spritzer Zitronensaft
> 5 mittelgroße Kartoffeln (vorwiegend festkochend)
> Etwas frische Petersilie
> Salz und Pfeffer nach Belieben

> Das Wasserbad auf 85°C vorheizen.
> Den Spargel gründlich schälen und das holzige Ende abschneiden.
> Mit der Butter, Zucker, Salz, Pfeffer und dem Zitronensaft in einen Folienbeutel geben und vakuumieren.
> Für etwa 30 Minuten in das Wasserbad geben.
> In der Zwischenzeit die Kartoffeln schälen, vierteln und kochen.
> Mit etwas frisch gehackter Petersilie anrichten und mit Sauce Hollandaise servieren.

Tomaten-Ragout

Vorbereitungszeit: **10 min**
Garzeit: **45 min**

Zutaten:
Für 2 Personen

- 250 g Cocktail - oder Kirschtomaten
- Etwas frischer Rosmarin
- Etwas frischer Oregano
- Etwas frisches Basilikum
- 1 Knoblauchzehe
- 2 EL Olivenöl
- Salz und Pfeffer nach Belieben

- Das Wasserbad auf 85°C vorheizen.
- Tomaten waschen und halbieren.
- Kräuter waschen und Blätter bzw. Nadeln vom Zweig abzupfen.
- Tomaten leicht salzen und pfeffern und mit gepresstem Knoblauch und den Kräutern vermischen.
- In einem Beutel vakuumieren und etwa 45 Minuten im Wasserbad garen.
- Vor dem Servieren mit etwas Olivenöl beträufeln.
- Ideal als Beilage zu Fisch oder Fleisch oder als Vorspeise mit frischem Ciabatta.

Spargel-Avocado-Salat

Vorbereitungszeit: **15 min**
Garzeit: **30 min**

Zutaten:
Für 4 Personen

- 500 g Spargel
- 4 Radieschen
- 1 Avocado
- 75 g Gorgonzola (optional)
- 1 TL Himbeergelee
- ½ TL mittelscharfer Senf
- 2 EL Limettensaft
- 5 EL Olivenöl
- 1 Prise Zucker
- Etwas frische Petersilie
- Salz und Pfeffer nach Belieben

- Das Wasserbad auf 85°C vorheizen.
- Den Spargel schälen und das holzige Ende abbrechen. Den Spargel in mundegerechte Stücke schneiden und dann mit etwas Zucker, Salz und 1 EL Olivenöl in einen Plastikbeutel geben und vakuumieren.
- Für etwa 30 Minuten in das Wasserbad geben.
- Für das Dressing, die restlichen 4 EL Olivenöl, den Limettensaft, den Senf und das Himbeergelee in einer Schüssel miteinander verrühren. Mit etwas Salz und Pfeffer abschmecken und beiseitestellen.
- Die Radieschen waschen und in dünne Scheiben schneiden. Die Avocado und den Gorgonzola klein würfeln.
- Nach Ablauf der Garzeit, den Spargel aus dem Beutel entnehmen und kurz abkühlen lassen.
- In einer Schüssel mit den Radieschen, der Avocado und dem Gorgonzola vermengen.
- Auf 4 Tellern, mit etwas frisch gehackter Petersilie und dem Dressing anrichten und mit frischem Röstbrot servieren.

Das perfekte Rührei

Vorbereitungszeit: **10 min**
Garzeit: **30 min**

Zutaten:
Für 4 Personen

> 8 Eier
> 80 ml Crème fraîche
> 1 Prise Kreuzkümmel
> 2 EL Butter (weich)
> Etwas frischer Schnittlauch
> Salz und Pfeffer nach Belieben

> Das Wasserbad auf 72°C vorheizen.
> Eier in einer Schüssel aufschlagen.
> Crème fraîche, Butter, Pfeffer und Kreuzkümmel zugeben und mit einem Schneebesen schaumig aufschlagen.
> Eimasse in einen Beutel geben und vakuumieren.
> Im Wasserbad 30 Minuten garen lassen.
> Eimasse aus dem Beutel nehmen und nochmals mit einer Gabel etwas verrühren.
> Salzen, pfeffern und mit frisch gehacktem Schnittlauch bestreuen.
> Mit ofenfrischem Brot servieren.

Chicorée-Tomatensalat

Vorbereitungszeit: **15 min**
Garzeit: **20 min**

Zutaten:
Für 4 Personen

> 4 Chicorée
> 3 EL Cranberrysaft
> 1 EL Agavendicksaft
> 3 Tomaten
> 100 g Kürbiskerne
> 1 EL Olivenöl
> 1 Schuss Apfelessig
> Zitrone
> 1 Bund frischer Schnittlauch
> Salz und Pfeffer nach Belieben

> Das Wasserbad auf 85°C vorheizen.

> Zunächst die äußeren Blätter der Chicorée entfernen, das untere Viertel des Strunks entfernen und dann den Chicorée längs vierteln. Mit dem Cranberrysaft und dem Agavendicksaft in einen Folienbeutel geben und vakuumieren

> Für etwa 20 Minuten in das Wasserbad geben.

> In der Zwischenzeit die Tomaten achteln und den Strunk entfernen.

> Etwas Olivenöl in einer Pfanne erhitzen und die Kürbiskerne darin anrösten. Die Tomaten hinzugeben und für etwa 5 Minuten garen. Mit Salz, Pfeffer und einem Schuss Apfelessig abschmecken.

> Den Chicorée aus dem Wasserbad entnehmen und auf 4 Tellern verteilt auf dem Tomatensalat anrichten.

> Mit frisch gehacktem Schnittlauch bestreuen und servieren.

2-Stunden-Ei mit Kartoffeln mit Spinat

Vorbereitungszeit: **15 min**
Garzeit: **2 Std**

Zutaten:
Für 2 Personen

> 4 Eier
> 300 g Kartoffeln
> 400 g frischer Spinat
> 1 rote Zwiebel
> 1 EL Olivenöl
> 2 EL Sahne
> 1 Prise Muskat
> Salz und Pfeffer nach Belieben

> Das Wasserbad auf 65°C vorheizen.

> Zwei kleine Vakuumbeutel vorbereiten. Je 2 Eier aufschlagen, in einen der Beutel geben und vakuumieren. Dabei darauf achten, dass das Eigelb nicht kaputtgeht.

> Für etwa 2 Stunden in das Wasserbad geben.

> Etwa 40 Minuten vor Ablauf der Garzeit, die Kartoffeln schälen und vierteln und in Salzwasser garen. Den Spinat waschen, putzen und in einem Sieb abtropfen lassen. Die Zwiebel fein würfeln und mit etwas Olivenöl in einem Topf anschwitzen.

> Den Spinat hinzugeben und bei geschlossenem Deckel etwa 5 Minuten garen. Mit Salz, Pfeffer, Muskat und etwas Sahne abschmecken.

> Die Eier vorsichtig aus dem Beutel holen und auf zwei Tellern mit den Kartoffeln und dem Spinat anrichten.

BEILAGEN & GEMÜSE

Kartoffelpüree

Vorbereitungszeit: **15 min**
Garzeit: **1 Std 20 min**

Zutaten:
Für 4 bis 6 Personen

- 1 kg mehlig kochende Kartoffeln
- 1 Becher Sahne
- 125 g Butter
- 1 Prise Muskatnusspulver
- Salz und Pfeffer nach Belieben

- Das Wasserbad auf 90°C vorheizen.
- Die Kartoffeln in kleine Würfel schneiden und je nach Menge auf mehrere Vakuumbeutel verteilen.
- Sahne, Butter, Muskatnuss, Salz und Pfeffer hinzufügen und vakuumieren.
- Den Vakuumbeutel für etwa 1 Std 20 min in das Wasserbad geben.
- Den Beutelinhalt entnehmen und pürieren. Je nach Belieben nachwürzen und mit Butter abschmecken.
- Mit frischer Petersilie garnieren und als Beilage zu Fisch oder Fleisch servieren.

Cremiges Auberginenpüree

Vorbereitungszeit: **10 min**
Garzeit: **2 Std**

Zutaten:
Für 3 Personen

- 2 Auberginen
- 75 ml Olivenöl
- 1 Zweig frische Petersilie
- 100 g Tahini (Sesampaste)
- 2 EL Sesamöl
- 50 g Mayonnaise
- 1 Spritzer Limettensaft
- 1 TL Knoblauchpulver
- 1 TL Tomatenketchup
- Salz und Pfeffer nach Belieben

- Das Wasserbad auf 90°C vorheizen.
- Auberginen schälen und in Würfel schneiden. Mit gehackter Petersilie, Salz, Pfeffer und dem Olivenöl vermischen und in einen Beutel geben und vakuumieren.
- Den Vakuumbeutel nun für etwa 2 Std in das Wasserbad geben.
- Nach Ablauf der Garzeit alles aus dem Beutel entnehmen, in eine Schüssel geben und mit den restlichen Zutaten vermengen.
- Pürieren, abschmecken und als Beilage servieren.

Parmesan-Kartoffeln

Vorbereitungszeit: **25 min**
Garzeit: **2 Std 30 min**

Zutaten:
Für 3 bis 4 Personen

> 750 g festkochende Kartoffeln
> 1-2 Möhren
> 1/4 Sellerie
> 75 g Parmesan
> 25 ml Gemüsefond
> 1 Prise Zucker
> Salz und Pfeffer nach Belieben

> Das Wasserbad auf 80°C erwärmen.
> Kartoffeln, Möhren und Sellerie schälen und in feine Würfel schneiden.
> Mit dem Fond und einer Prise Zucker in einen oder mehrere Folienbeutel geben und vakuumieren.
> Für etwa 2 Std 30 min in das Wasserbad geben.
> Den Beutel aus dem Wasserbad entnehmen, den Parmesan unter die Kartoffeln rühren und auf einem Teller anrichten.
> Je nach Geschmack können die Kartoffeln auch grob püriert und mit etwas Butter abgeschmeckt werden.
> Ideal als Beilage zu dunklem Fleisch.

Ratatouille-Gemüse

Vorbereitungszeit: **10 min**
Garzeit: **45 min**

Zutaten:
Für 3 bis 4 Personen

> 3 Möhren
> 3 bunte Paprika
> 1 Zucchini
> 1 Lauch
> 1 Süßkartoffel
> 1 EL Olivenöl
> 1 Prise Chilipulver
> 1 Prise Paprikapulver
> 1 Prise Knoblauchpulver
> Salz und Pfeffer nach Belieben

> Das Wasserbad auf 80°C erwärmen.
> Das Gemüse waschen, schälen, entkernen und in etwa daumengroße Stücke schneiden. Salzen, pfeffern und mit dem Olivenöl und den restlichen Gewürzen vermengen und in einem Plastikbeutel vakuumieren.
> Den Vakuumbeutel nun für etwa 45 min in das Wasserbad geben.
> Nach Ablauf der Garzeit das Gemüse aus dem Beutel entnehmen und auf Tellern anrichten.
> Ideal als Beilage zu weißem Fisch, Schwein oder Rind.

Knackiger grüner Spargel

Vorbereitungszeit: **10 min**
Garzeit: **1 Std**

Zutaten:
Für 2-3 Personen

- 1 Bund grüner Spargel
- 1 Limette
- 1 gepresste Knoblauchzehe
- 20 g Butter
- 20 g Parmesan (gerieben)
- 1 TL grobes Meersalz

- Das Wasserbad auf 60°C vorheizen.
- Das untere Ende des Spargels (ca. 1-2 cm) abbrechen.
- Die Limetten vierteln und zusammen mit dem Spargel und den restlichen Zutaten (bis auf den Parmesan) in einen Folienbeutel geben und vakuumieren.
- Den Vakuumbeutel für etwa 1 Std in das Wasserbad geben.
- Den Spargel aus dem Beutel entnehmen und als Beilage servieren.
- Falls gewünscht kann der Spargel kurz kräftig angebraten werden.
- Mit Parmesan bestreuen und servieren.

Glasierte Möhren

Vorbereitungszeit: **5 min**
Garzeit: **1 Std**

Zutaten:
Für 2 Personen
> 8 Möhren
> 50 g Butter
> 1 TL Puderzucker
> 1 TL Knoblauchpulver
> Etwas frische Petersilie
> Salz und Pfeffer nach Belieben

> Das Wasserbad auf 70°C vorheizen.
> Die Möhren schälen, längs halbieren und zusammen mit der Butter, dem Zucker, dem Knoblauchpulver und etwas Salz und Pfeffer in einen Folienbeutel geben und vakuumieren.
> Den Vakuumbeutel nun für etwa 1 Std in das Wasserbad geben.
> Nach Ablauf der Garzeit, die Möhren aus dem Wasserbad entnehmen und in einer heißen Pfanne kräftig anbraten.
> Mit feingehackter Petersilie bestreuen und abschmecken.
> Als Beilage servieren.

Karottenpüree

Vorbereitungszeit: **15 min**
Garzeit: **1 Std 20 min**

Zutaten:
Für 4 bis 5 Personen
> 1 kg Möhren
> 2 Schalotten
> 50 g Butter
> 2 TL Agavendicksaft oder Honig
> 1 Lorbeerblatt
> Salz und Pfeffer nach Belieben

> Das Wasserbad auf 85°C vorheizen.
> Möhren und Schalotten schälen und in kleine Würfel schneiden. Die Schalotten in Butter bei mittlerer Hitze anschwitzen.
> Die Möhren und Schalotten nun zusammen mit den restlichen Zutaten in einen Vakuumbeutel geben und vakuumieren.
> Den Vakuumbeutel nun für etwa 1 Std 20 min in das Wasserbad geben.
> Nach Ablauf der Zeit, die Möhren und Schalotten aus dem Beutel entnehmen, das Lorbeerblatt entfernen und den entstandenen Fond in einen keinen Topf abgießen, reduzieren lassen und anschließend wieder mit dem Gemüse vermengen.
> Pürieren, abschmecken und als Beilage servieren.

Süßkartoffelstampf

Vorbereitungszeit: **10 min**
Garzeit: **2 Std**

Zutaten:
Für 4 bis 5 Personen

> 1 kg Süßkartoffeln
> 2 Knoblauchzehe
> 2 TL Erdnussöl
> 2 TL Paprikapulver
> 1 TL Agavendicksaft oder Honig
> 1 Lorbeerblatt
> 1 TL Oregano
> Salz und Pfeffer nach Belieben

> Das Wasserbad auf 80°C vorheizen.
> Süßkartoffeln schälen und in Würfel schneiden. Die Knoblauchzehen pressen und alle Zutaten zusammen in einen Folienbeutel geben und vakuumieren.
> Den Vakuumbeutel nun für etwa 2 Std in das Wasserbad geben.
> Nach Ablauf der Garzeit alles aus dem Beutel entnehmen und das Lorbeerblatt entfernen.
> Pürieren, abschmecken und als Beilage servieren.

Spitzkohl-Gemüse

Vorbereitungszeit: **15 min**
Garzeit: **30 min**

Zutaten:
Für 3 bis 4 Personen

> 400 g Spitzkohl
> 3 EL Butter
> 2 EL Erdnussöl
> 1 Schuss Essig
> Etwas frischer Schnittlauch
> Salz und Pfeffer nach Belieben

> Das Wasserbad auf 80°C vorheizen.
> Spitzkohl waschen, putzen und in etwa daumenbreite Stücke schneiden.
> Die Butter in einer Pfanne erhitzen, aufschäumen lassen und das Erdnussöl unterrühren.
> Den Kohl darin etwa 2 Minuten dünsten und abkühlen lassen.
> In einen Plastikbeutel überführen und vakuumieren.
> Für etwa 30 Minuten in das Wasserbad geben.
> Den Spitzkohl aus dem Beutel nehmen, mit etwas Essig, Salz und Pfeffer abschmecken.
> Mit frisch gehacktem Schnittlauch bestreuen und servieren.

Estragon-Blumenkohlröschen

Vorbereitungszeit: **10 min**
Garzeit: **50 min**

Zutaten:
Für 4 Personen

> 1 Blumenkohl
> 70 ml Wasser
> 70 g Butter
> 1 Prise Muskat
> 1 Zweig frischer Estragon
> Salz und Pfeffer nach Belieben

> Das Wasserbad auf 80°C erwärmen.
> Den Blumenkohl waschen, in kleine Röschen schneiden und anschließend salzen und pfeffern. Zusammen mit der Butter, dem Wasser, Muskat und Estragon in einem Plastikbeutel vakuumieren.
> Für etwa 50 min in das Wasserbad geben.
> Den Beutelinhalt entnehmen und in einer heißen Pfanne kurz mit Butter anschwitzen lassen. Wahlweise kann der Blumenkohl auch kleingestampft und als Püree serviert werde.
> Ideal als Beilage zu Fisch.

Kürbispüree

Vorbereitungszeit: **10 min**
Garzeit: **45 min**

Zutaten:
Für 4-5 Personen

- 1 kg Kürbis
- 2 Schalotten
- 1 Knoblauchzehe, gepresst
- 1/4 TL geriebener Ingwer
- 2 TL Haselnussöl
- 2 EL Orangensaft
- 1 Lorbeerblatt
- 50 g Butter
- Salz und Pfeffer nach Belieben

- Das Wasserbad auf 90°C vorheizen.
- Kürbis und Schalotten schälen und in kleine Würfel schneiden. Die Schalotten in Butter bei mittlerer Hitze anschwitzen.
- Mit allen anderen Zutaten zusammen in einen Folienbeutel geben und vakuumieren.
- Den Vakuumbeutel nun für etwa 45 min in das Wasserbad geben.
- Nach Ablauf der Garzeit alles aus dem Beutel entnehmen und das Lorbeerblatt entfernen.
- Pürieren, abschmecken und als Beilage servieren.

Karamellisierte Hokkaidowürfel

Vorbereitungszeit: **15 min**
Garzeit: **40 min**

Zutaten:
Für 3 bis 4 Personen

- 1 Hokkaido-Kürbis (ca. 1 kg)
- ½ TL geriebenen Ingwer
- 1 EL Butter
- 50 ml Apfelsaft
- 1 EL Butter
- 1 TL Puderzucker
- Salz und Pfeffer nach Belieben

- Das Wasserbad auf 85°C vorheizen.
- Kürbis waschen, halbieren und entkernen.
- Den Kürbis in mundgerechte Würfel schneiden
- Mit den Gewürzen und dem Apfelsaft in einen Beutel geben, vakuumieren und etwa 40 Minuten garen.
- Die Kürbiswürfel aus dem Beutel entfernen, trockentupfen und den Saft auffangen.
- Etwas Butter in einer Pfanne erhitzen und die Kürbiswürfel darin kurz mit etwas Puderzucker karamellisieren. Den Saft hinzugeben und kurz reduzieren lassen.
- Mit Salz und Pfeffer abschmecken und z.B. zu Zander (S. 34) servieren.

Sauerkraut Sous-Vide

Vorbereitungszeit: **15 min**
Garzeit: **45 min**

Zutaten:
Für 2 Personen

> 250 g Sauerkraut
> 1 rote Zwiebel
> 1 EL Butter
> ½ TL Kreuzkümmel
> 1 Lorbeerblatt
> Einige Wacholderbeeren
> 1 Schuss Apfelessig
> 1 Prise Zucker
> Salz und Pfeffer nach Belieben

> Das Wasserbad auf 90°C vorheizen.
> Den Apfel und die Zwiebel schälen und in kleine Würfel schneiden.
> Die Zwiebelwürfel in heißer Butter anschwitzen und kurz abkühlen lassen.
> Sauerkraut, Zwiebeln, Gewürze, Zucker und Essig in einen Beutel geben und vakuumieren
> Etwa 45 Minuten im Wasserbad garen.
> Abschmecken und als Beilage servieren.

Yuzu-Agave-Chicorée

Vorbereitungszeit: **10 min**
Garzeit: **35 min**

Zutaten:
Für 2 Personen

> 250 g Chicorée
> 10 g frischer Ingwer
> 100 ml frisch gepresster Yuzusaft
> 1 EL Agavendicksaft
> Salz und Pfeffer nach Belieben

> Das Wasserbad auf 80°C vorheizen.
> Die äußeren Blätter des Chicorées entfernen und die restlichen Blätter einzeln abtrennen.
> Den Chicorée salzen und pfeffern.
> Zusammen mit fein gehacktem Ingwer, dem Yuzu- und Agavendicksaft in einen Beutel geben und vakuumieren. Falls nötig auf mehrere Beutel verteilen.
> Im Wasserbad etwa 35 Minuten garen.
> Als Beilage servieren.

Parmesan-Brokkoliröschen

Vorbereitungszeit: **15 min**
Garzeit: **50 min**

Zutaten:
Für 3 bis 4 Personen

- 500 g Brokkoli
- 2 Knoblauchzehen
- 1 EL Butter
- 100 g Parmesan (frisch gerieben)
- Etwas frische Petersilie
- Salz und Pfeffer nach Belieben

- Das Wasserbad auf 85°C vorheizen.
- Brokkoli putzen, in kleine Röschen schneiden und waschen.
- Salzen, pfeffern und mit dem feingehackten Knoblauch und der Butter in einem Folienbeutel vakuumieren.
- Im Wasserbad etwa 50 Minuten garen.
- Brokkoli mit dem geriebenen Parmesan vermengen und mit frisch gehackter Petersilie garnieren.

Rotes Rhabarbergemüse

Vorbereitungszeit: **10 min**
Garzeit: **15 min**

Zutaten:
Für 2 Personen

- 2 Stangen Rhabarber
- 10 Erdbeeren
- 10 Brombeeren
- 2 EL brauner Rohrzucker
- 20 g Butter
- Salz und Pfeffer nach Belieben

- Das Wasserbad auf 75°C vorheizen.
- Rhabarber putzen und in gleichgroße, etwa 10 cm große Stücke schneiden.
- Beeren waschen und abtropfen lassen.
- Rhabarber und die Beeren in einem Beutel vakuumieren und im Wasserbad etwa 15 Minuten garen.
- Rhabarber aus dem Beutel nehmen und kurz in erhitzter Butter schwenken.
- Zu dunklem Fleisch servieren.

Orangen-Ingwer-Karotten

Vorbereitungszeit: **30 min**
Garzeit: **60 min**

Zutaten:
Für 2 Personen

- 500 g dünne Möhren
- 5 g Ingwer
- 3 TL Butter
- 1 Prise Puderzucker
- Schale einer halben Orange
- Frische Petersilie
- Salz und Pfeffer nach Belieben

- Das Wasserbad auf 85°C vorheizen.
- Möhren schälen, waschen mit etwas Salz und Zucker bestreuen.
- Den Ingwer in kleine Scheiben schneiden scheiben. Zusammen mit der Orangenschale auf den Karotten verteilen.
- Nebeneinander in einen Beutel geben, vakuumieren und 60 Minuten im Wasserbad garen.
- Die Karotten vor dem Servieren kurz in erhitzter Butter schwenken.
- Mit frisch gehackter Petersilie bestreuen und als Beilage servieren.

Zitronenkartoffeln

Vorbereitungszeit: **15 min**
Garzeit: **60 min**

Zutaten:
Für 2 Personen

- 200 g Kartoffeln (vorwiegend festkochend)
- 1 Zitrone
- 1 TL Knoblauchpulver
- 1 TL Zucker
- 2 TL Wasser
- 1 EL Butter
- Etwas frische Petersilie
- Salz und Pfeffer nach Belieben

- Das Wasserbad auf 85°C vorheizen.
- Kartoffeln waschen, bürsten, in Viertel schneiden, in einen Folienbeutel geben und vakuumieren.
- Schale der Zitrone abreiben.
- Zitrone filetieren und den Saft auffangen.
- Zitronensaft, Knoblauchpulver und Wasser verrühren und zu den Kartoffeln geben.
- Die Kartoffeln vakuumieren und im Wasserbad 60 Minuten garen.
- Kartoffeln aus dem Beutel nehmen und trockentupfen.
- Etwas Butter in einer Pfanne erhitzen, den Zucker hinzugeben und die Kartoffeln darin karamellisieren.
- Vor dem Ende die Zitronenfilets hinzugeben und kurz mitdünsten.
- Vor dem Servieren mit der geriebenen Zitronenschale und etwas frisch gehackter Petersilie bestreuen.

Paprikagemüse

Vorbereitungszeit: **10 min**
Garzeit: **20 min**

Zutaten:
Für 3 bis 4 Personen

> 3 Paprikaschoten (gelb, grün, rot)
> 2 EL Olivenöl
> 1 TL Knoblauchpulver
> Etwas Frische Petersilie
> Salz und Pfeffer nach Belieben

> Das Wasserbad auf 80°C vorheizen.
> Paprika putzen, waschen und in Streifen schneiden.
> Zusammen mit dem Olivenöl, den Gewürzen und Kräutern in einem Beutel vakuumieren und im Wasserbad 20 Minuten garen.
> Paprikastreifen aus dem Beutel nehmen und trockentupfen.
> Mit Salz und Pfeffer abschmecken und mit frisch gehackter Petersilie bestreuen.
> Ideal als Beilage zu gegrilltem Fleisch oder als Snack zwischendurch.

Gegrillte Ananas brasilianische Art

Vorbereitungszeit: **10 min**
Garzeit: **70 min**
Ruhezeit: **12 Std**

Zutaten:
Für 3 bis 4 Personen
> 1 frische Ananas
> 1 Limette
> 2 EL brauner Zucker
> 1 TL Kreuzkümmel
> Ein paar Wacholderbeeren
> 50 ml Apfelsaft

> Das Wasserbad auf 85°C vorheizen.
> Die Ananas schälen, den Strunk entfernen und in etwa 1,5 cm dicke Scheiben schneiden. Die Limette in feine Scheiben schneiden.
> Ananas, Limettenscheiben, Gewürze, Zucker und Apfelsaft in einen Beutel geben und vakuumieren.
> Im Wasserbad für etwa 70 Minuten garen.
> Den Beutel in Eiswasser abkühlen und über Nacht oder bis zur Verwendung im Kühlschrank durchziehen lassen.
> Vor dem servieren, die Ananas aus dem Beutel entfernen, trockentupfen und von beiden Seiten sehr kurz auf einem sehr heißen Grill rösten.
> Passt ideal zu Steak, Reis und schwarzen Bohnen.

Kohlrabipüree

Vorbereitungszeit: **15 min**
Garzeit: **3 Std**

Zutaten:
Für 4 Personen
> 500 g Kohlrabi
> 200 ml Sahne
> 100 g Butter
> Muskat
> Salz und Pfeffer nach Belieben

> Das Wasserbad auf 95°C vorheizen.
> Kohlrabi putzen und klein würfeln.
> Sahne, Butter, Salz, Muskat und Kohlrabiwürfel in einen Plastikbeutel geben und vakuumieren.
> Im Wasserbad etwa drei Stunden garen.
> Fein pürieren und nochmals abschmecken.

Avocado-Dip

Vorbereitungszeit: **15 min**
Garzeit: **20 min**

Zutaten:
Für 4 Personen
> 2 Avocados
> 1 Chili-Schote (je nach gewünschter Schärfe)
> Olivenöl
> Salz und Pfeffer nach Belieben

> Das Wasserbad auf 50°C vorheizen.
> Avocado halbieren und den Kern entfernen. Fruchtfleisch aus der Schale kratzen.
> Chilischote waschen, entkernen und fein zerkleinern.
> Chili in etwas Olivenöl anschmoren. Avocado zugeben.
> Mit dem Avocadofleisch vermengen, pürieren, mit Salz und Pfeffer abschmecken.
> Avocado-Dip in einem Beutel vakuumieren.
> Vor dem Servieren ca. 20 Minuten im Wasserbad erwärmen.
> Passt sehr gut zu Lachs oder geräucherten Forellenfilets.

Stangenbohnen Sous-Vide

Vorbereitungszeit: **15 min**
Garzeit: **70 min**

Zutaten:
Für 2 Personen

- 400 g Stangenbohnen
- 1 Zweig Rosmarin
- 1 Zwei Oregano
- 1 EL Olivenöl
- Salz und Pfeffer nach Belieben

- Das Wasserbad auf 85 °C vorheizen.
- Die Bohnen waschen, putzen und kurz blanchieren, in Eiswasser abschrecken und abtropfen lassen.
- Die Bohnen nebeneinander mit dem Rosmarin, dem Oregano und etwas Olivenöl in einen Plastikbeutel geben und vakuumieren.
- Für etwa 70 Minuten in das Wasserbad geben.
- Ideale Beilage zu Lamm oder Rind.

Sellerie-Mus

Vorbereitungszeit: **15 min**
Garzeit: **60 min**

Zutaten:
Für 2 bis 3 Personen

- 400 g Knollensellerie
- 2 Schalotten
- 1 EL Butter
- 100 ml Gemüsebrühe
- 100 ml Crème fraîche
- 1 Prise Muskat
- Salz und Pfeffer nach Belieben

- Das Wasserbad auf 80°C vorheizen.
- Sellerie schälen und in mundgerechte Stücke teilen. Die Schlotten in feine Würfeln schneiden.
- Sellerie, Schalotten und Butter im Beutel vakuumieren und im Wasserbad etwa 60 Minuten garen.
- Gemüsebrühe und Crème fraîche in einem Topf verrühren und aufkochen.
- Den Beutel aus dem Wasserbad entnehmen und dessen Inhalt pürieren.
- Die Brühe nach und nach einrühren, bis die gewünschte Konsistenz erreicht ist.
- Mit Salz, Pfeffer und Muskat abschmecken und servieren.

DESSERTS

Cremiges Zitronenmousse

Vorbereitungszeit: **10 min**
Ruhezeit: **30 min**
Garzeit: **40 min**

Zutaten:
Für 6 Personen

> 5 Zitronen
> 300 g Zucker
> 8 Eier
> 1 Becher Sahne
> 1 Vanilleschote
> 1 zweig frische Minze
> 25 g weiße Schokolade

> Die Zitronenschalen raspeln und die Zitronen zu Saft pressen. Die Vanilleschoten mit einem scharfen Messer längs aufschneiden und das Mark vorsichtig herausschaben.
> Zusammen mit dem Zucker, den Eiern und der Sahne vermengen und 30 min ruhen lassen.
> Das Wasserbad auf 80°C vorheizen
> In einen Beutel füllen, vakuumieren und für 40 min in das Wasserbad geben.
> Den Beutelinhalt passieren, in kleine Schälchen geben und 30 min im Kühlschrank abkühlen lassen.
> Mit geraspelter Schokolade und Minzblättern garnieren.

Sous-Vide Fruchtsalat mit Weißweinschaumcreme

Vorbereitungszeit: **15 min**
Garzeit: **30 min**
Ruhezeit: **5 min**

Zutaten:
Für 3-4 Personen

> 1 Banane
> 1 Handvoll rote Weintrauben
> 1 Handvoll rote Himbeeren
> 2 Birnen
> 1 grüner Apfel
> 1/2 Ananas
> 1 Zweig frische Minze
> 2 TL brauner Zucker
> 3 EL Cognac
> 75 ml Weißwein
> 5 Eigelb
> 5 TL Zucker
> 1 Prise Salz

> Das Wasserbad auf 55°C erwärmen.
> Die Kerngehäuse der Birnen und des Apfels entfernen, die Ananas schälen, vom Strunk trennen und die Früchte in mundgerechte Stücke schneiden.
> Zusammen mit dem braunen Zucker und einer Prise Salz bestreuen, den Rum hinzugeben und zusammen mit der Minze in einen oder mehrere Folienbeutel geben und vakuumieren.
> Die Vakuumbeutel für etwa 30 min in das Wasserbad geben.
> In der Zwischenzeit, die Himbeeren und die Trauben waschen und halbieren. Die Banane schälen und in Scheiben schneiden.
> Ebenfalls in einen oder mehrere Beutel geben und für die letzten 15 min zu den anderen Früchten mit ins Wasserbad geben.
> Alle Beutel aus dem Wasserbad entnehmen und in einer Schüssel mit kaltem Wasser abkühlen lassen.
> Die Weißweinschaumcreme erst unmittelbar vor dem Servieren zubereiten. Dazu Eigelb, Zucker, Weißwein und eine Prise Salz in eine Metallschüssel geben. Über einem kochenden Wasserbad in der Metallschüssel schaumig schlagen.
> Die Vakuumbeutel aufschneiden und die Minze entfernen. Die Früchte in einem Martini-Glas anrichten und mit der Weißweinschaumcreme drapieren.

Beschwipste Cantaloupe-Melone

Vorbereitungszeit: **15 min**
Garzeit: **60 min**

Zutaten:
Für 3-4 Personen

> Cantaloupe-Melone (ca. 400 g)
> 400 ml Vanillie-Eis
> 15 g frisch geriebener Ingwer
> 1 Prise Salz
> 1 Prise bunter Pfeffer
> 2 EL Orangengelee
> 4 cl Rum

> Das Wasserbad auf 50°C vorheizen.
> Die Melone in dünne Spalten schneiden, von der Schale lösen und Kerne entfernen.
> Ingwer, Salz, Pfeffer, Orangengelee und Rum verrühren.
> Die Spalten nebeneinander in einen Plastikbeutel geben, mit der Marinade übergießen und vakuumieren.
> Für etwa 60 min in das Wasserbad geben.
> Den Beutel in Eiswasser abkühlen lassen und mindestens einen Tag im Kühlschrank durchziehen lassen.
> Auf Vanille-Eis anrichten und servieren.

Crème Brûlée (mit Gelinggarantie)

Vorbereitungszeit: **10 min**
Garzeit: **1 Std 20 min**
Ruhezeit: **12 Std**

Zutaten:
Für 4-5 Personen

- 200 ml Sahne
- 4 Eigelb
- 50g Zucker
- 2 Vanilleschoten
- 1 Prise Salz
- brauner Zucker für die Karamellkruste

- Das Wasserbad auf 80°C erwärmen.
- Die Vanilleschoten mit einem scharfen Messer längs aufschneiden und das Mark vorsichtig herausschaben.
- Alle Zutaten mit einem Handrührgerät verquirlen, bis sich der Zucker aufgelöst hat.
- Alles in einen Beutel füllen, vakuumieren und für 80 min in das Wasserbad geben. Nach etwa der Hälfte der Zeit, den Beutel entnehmen, durchkneten und zurück in das Wasserbad geben.
- Den Beutel entnehmen und die Crème in kleine Schälchen abfüllen. Über Nacht im Kühlschrank ruhen lassen.
- Die Crème-Schälchen über die gesamte Oberfläche gleichmäßig mit braunem Zucker bestreuen und mit einem Gasbrenner karamellisieren. Kurz abkühlen lassen bis der Zucker ausgehärtet ist.

Druckausgabe durch Amazon Media EU S.à r.l., 5 Rue Plaetis, L-2338, Luxembourg

Bildnachweis: hlphoto / Shutterstock.com (Cover Front, Rückseite, S. 10); Oleksandra Naumenko / Shutterstock.com (S. 27); Jakub Kapusnak / Foodiesfeed.com (S. 9, 10, 26, 59, 43, Rückseite); Christian Kadluba (S. 17) / flickr.com; ImagesBG / Pixabay.com (S. 78); Seph Swain (S. 19) / flickr.com; Steve Johnson (S. 28) / flickr.com; David Peterson (S. 37) / flickr.com; David Garcia-Pascual Albares (S. 39)/ flickr.com; a.fiedler (S. 21, Rückseite) / flickr.com; John Mason (S. 49)/ flickr.com; Christopher Paquette (S. 51) / flickr.com; Vladislav Bezrukov (S. 51) / flickr.com; 3Msuccess / Pixabay.com (S. 79); Glory Foods / flickr.com (S. 58); Luca Nebuloni (S. 41) / flickr.com; btfrewinphotography / Pixabay.com (S. 18); siala/ Pixabay.com (S. 10); Howard Holley (S. 27) / flickr.com; liz west (S. 65, 67) /flickr.com; free_hat (S. 63) / pixabay.com; guillermocinque / Pixabay.com (S. 12); Anelka (S. 71) / Pixabay.com; Kjokkenutstyr Net (S. 73) / flickr.com; Muss Katz (S. 35) / flickr.com; valtercirillo / Pixabay.com (S. 42); MAKY_OREL (S. 53) / Pixabay.com; Lebensmittelfotos / Pixabay.com (S. 29); picjumbo_com; / Pixabay.com (S. 32); Pezibear / Pixabay.com (S. 61); LuckyLife11 / Pixabay.com (S. 34); RitaE / Pixabay.com (S. 14); xbqs42 / Pixabay.com (S. 76); Karolina Grabowska / Foodiesfeed.com (S. 31); Gunel Farhadli / Foodiesfeed.com (S. 75); Daniel Cuklev / Foodiesfeed.com (S. 41)

10461177R00048

Printed in Germany
by Amazon Distribution
GmbH, Leipzig